FR

Robert Th. Stoll

Max Kämpf

Erinnerungen an den Menschen,
Kunstmaler und Zeichner

Friedrich Reinhardt Verlag Basel/Kassel

Foto Seite 52: Frau C. Weber, Basel

Die Deutsche Bibliothek – CIP-Einheitsaufnahme
Stoll, Robert Th.:
Max Kämpf : Erinnerungen an den Menschen, Kunstmaler und Zeichner /
Robert Th. Stoll. – Basel ; Kassel : F. Reinhardt, 1992
  ISBN 3–7245–0772–0
NE: Kämpf, Max [Ill.]

© 1992 by Friedrich Reinhardt Verlag Basel/Kassel
Printed in Switzerland by Reinhardt Druck Basel
ISBN 3-7245-0772-0

*«Ich bin ein typischer Dürfer und
ein miserabler Müsser»*

Max Kämpf

Inhalt

Prolog

Noch sind viele unter uns, die sich an Max Kämpf persönlich erinnern. Aber die Jahre gehen hin und mit ihnen die Menschen, und neue Jahre kommen und neue Menschen, so dass es gut sein mag, ein paar Reminiszenzen aufzuzeichnen, Erinnerungen an diesen Menschen und Künstler, wie man ihn erlebt hat, manches wie andere auch oder ähnlich, einiges ganz persönlich.

Tilly Chobaz, welche die letzten zwei Lebens-Jahrzehnte von Megge Kämpf begleitete, hat darum gebeten. Nicht über sein Werk als Kunstwerk sollte vor allem berichtet werden; dieses, wie wir wissen, bleibt, und kommende Betrachter werden es noch als in seiner künstlerischen, zeitgeschichtlichen und menschlichen Bedeutung wachsend erkennen.

Hier seien persönliche Erinnerungen an jenen Maler und Zeichner festzuhalten, der ein einzigartiger schwieriger und liebenswerter, kämpferischer und zugleich scheuer, manchmal unerwartet angriffiger Mensch war, vielleicht weil ihm selbst eine Verletzlichkeit eignete.

Selbstbildnis 1949

So, wie auf dem Umschlag wiedergegeben, hat sich Max Kämpf im Herbst 1949 gesehen. Es gibt Künstler, die ihr Selbstbildnis aus Eitelkeit malen. Sie wollen damit andern zeigen, wie sie selbst gerne gesehen würden, etwa der frühe Goya in seinem Rokoko-Selbstbildnis. Aber das sind Repräsentationsbilder. Die wirklichen Selbstbildnis-Maler sind anders: sie wollen für sich die Wahrheit über sich wissen, und indem sie sich malen, erforschen sie, sich scharf im Auge haltend, ihre Psyche.

Der späte Rembrandt war so einer: seine Gestalt, aufrecht aufmerksam zwischen zwei Kreisen (1660), oder das Bild des lachenden Alten (1665). Van Gogh war so einer, immer wieder, immer in kritischen Lebenspassagen: bevor er sich von Paris absetzte nach Arles (1888); wieder als er im Dezember 1888 sich das linke Ohr abgeschnitten hatte, und wieder, als er 1889 in die Nervenheilanstalt St. Paul in St. Rémy eingeliefert war. Hodler war so einer, der trotzig um das Bildnis seiner selbst rang. Was diese wirklichen Selbstbildnis-Maler wissen wollten, hat Gauguin – dessen letztes Selbstbildnis (1903)

im Basler Kunstmuseum hängt – mit dem Titel seines grossen «inneren» Selbstporträts (1897/98, Boston) ausgesagt: «D'où venons-nous? Que sommes-nous? Où allons-nous?» Ein wahres Selbstbildnis ist stets die Frage des Künstlers an sich selbst: Wer bist Du? Von wo kommst Du und wohin wird Dich Dein Weg führen?

Die Wahrheit über sich selbst zu erfahren: darum blickt sich Max Kämpf an. Er steht vor dem Spiegel, um durch seine äussere Erscheinung hindurch die Lebensgründe seiner Person zu ergrübeln. Der Begriff «Person» geht auf das griechische Wort «prosopon» zurück, mit dem die Maske der griechischen Schauspieler bezeichnet wurde, durch welche das Wesen des Darzustellenden auftönte.

Das Bild ist auf grobes Sackleinen gemalt, dessen simple Materialstruktur durch die Farbschichten erkennbar bleibt und sie wie vibriert. Mit spontanen Pinselstrichen ist das Gemälde geschaffen, teils Konturen andeutend, teils gezogen und gestrichen, teils gestupft und gezuckt. Die Gamme der dunkeltonigen Farben ist sehr reich. Dies Werk ist aber nicht schnell entstanden; aus der Erkenntnis – und dann ohne Spiegel – ist es langsam innen gewachsen. Erst als die Selbstsicht bildhaft fassbar geworden war, wurde es gemalt mit einer nicht mehr zögernden Handschrift, ein Seismogramm psychischer Erregung. «Es malte aus ihm.» Wenn man Max Kämpf einmal beim Malen zuschauen konnte, dann sah man, dass er wie in Trance war; er redete mit dem werdenden Bild mit seinen Gesten und Grimassen, und bei seinem unablässigen Zeichnen war dies gleich. Hier: als ob der Maler, allein für sich und ganz bei sich, plötzlich gestört würde, dreht er sich wie überrascht über seine linke Schulter. Das verdeckte Rot am Halsrücken fliesst mit. Der Körper ist gespannt, hoch aufgereckt. Jedes Akzidentielle fehlt. Den Fond bildet ein durchgehendes von Grau und Blau durchsetztes verhaltenes Grün. (In Holbeins Bildnis des denkenden, schreibenden und das Geschriebene hinterfragenden Erasmus von 1523 im Kunstmuseum Basel ist es auch so.) Nichts soll ablenken. Auch die dunkle, summarisch gemalte Kleidung verrät kein Détail; Arme sind auch nicht zu sehen. Auf die linke Gesichtshälfte fällt gedämpftes Licht, streift wie über eine Landschaft hin und verliert sich im Dunkel. Die mächtige Stirn tritt unter verstruppeltem schwarzem Haar hervor. Schwarz ist der kleine Schnauzbart, schwarz der spitze Kinnbart. Dunkel ist das sehr einfache Brillengestell auf der gebogenen Nase, auch sie nur an-

Max Kämpf im Atelier in der Pfeffingerstrasse

12

Selbstbildnis
1949, 55 × 48 cm

gedeutet. Aber die Augen werden gezeigt: das linke ist geschlossen, so wie einer sein Auge schliesst, wenn er mit dem andern schärfer über Kimme und Korn das Ziel anvisiert. So blickt das rechte Auge scharf, nur zu einem Spalt geöffnet. Der Mund ist geschlossen, die Oberlippe schmal, die vollere Unterlippe leicht vorgeschoben. Die Wangen sind eingefallen. Es ist das Gesicht eines Guru; es ist das Antlitz eines von einem Daimon bewegten Menschen, und man vermeint zugleich, einen Totenschädel dahinter zu erahnen. Es ist das Selbstbildnis von Max Kämpf.

Studie zur Hölle
um 1947, 18 × 21 cm

14

Studie zur Hölle
um 1947, 15 × 11 cm

Studie zur Hölle
um 1947, 4,7 × 6 cm

16

Studie zur Hölle
um 1947, 14 × 8 cm

17

Traumflug
1943/44,
201 × 299 cm

18

37 Jahre alt ist er 1949, seit zehn Jahren aus freiem Entschluss Maler und von niemandem und von nichts abhängig, ohne finanzielle Sicherung irgendwelcher Art. Er ist aus seinem kleinen Atelier an der Rheingasse 24 weggezogen und wohnt jetzt in den alten Werkräumen einer ehemaligen Färberei an der Ecke Hammerstrasse 23/Riehenstrasse. Er ist das ungekrönte Haupt einer Freundesgruppe von malenden und bildhauernden Männern und Frauen. Sie nennen sich «Kreis 48». Von Max Kämpf gehört und einige Arbeiten gesehen hatte ich schon während meines Studiums, als sein «Traumflug» 1941 für Aufsehen sorgte.

Neben Ernst Baumann, Martin Christ und Paul Stöckli hatte Kämpf nach einem ergebnislos verlaufenen Kunstkredit-Wettbewerb den Auftrag erhalten zu einer Weiterbearbeitung. Die schöne alte Fassade des ehemaligen Kartäuserklosters und jetzigen Waisenhauses bei St. Theodor im Kleinbasel sollte mit einem Fresko akzentuiert werden. Des Kleinbaslers Entwurf wurde prämiert und zur Ausführung empfohlen. Max Kämpfs Motiv war für die Buben und Mädchen im Waisenhaus gedacht: Sie sollten im Wandbild über dem Eingangsportal einen eigenen «Traumflug» durch die Mondnacht, still und leise, wiedererkennen. Sie schweben auf einem Spieldrachen über der Erde; der Schnurschwanz des Drachen schlingt sich hoch bis über die Mondsichel; links unten ist gerade noch der goldene Turmhahn zu sehen. Es ist ein Bild voller Poesie. Für erwachsene Betrachter war diese Komposition ein Hinweis darauf, wie viel sorglicher Wärme diese elternlosen Kinder, Buben und Mädchen, bedurften. Das Urteil über die hohe künstlerische Qualität war unangefochten. Widerstand gegen eine Ausführung kam von verklemmten Moralisten: Es gehe doch nicht an, dass ein Bub und ein Mädchen im Traume unter einer Decke lägen. Eine Zeitungsdiskussion war die Folge; die Stadt wurde aufmerksam; Parteiungen formierten sich. Wir Studenten schlugen uns zu den eifrigen Befürwortern gegen die Moral-Eiferer, die im Grunde gar nichts begriffen hatten. Aber sie behielten Oberhand. Der schöne Entwurf wurde nicht ausgeführt. Ein Gemälde des

Ryygassbuebe
1974, 21 × 29 cm

«Traumflugs» befindet sich heute im Kunstmuseum. Aber das Kleinbasel und mit ihm wir alle sind um eine Kostbarkeit ärmer. Max Kämpf hat unter dieser blöden Querele sehr gelitten; wie es ihm entsprach, hat er nach einem langen Fluch nicht mehr davon sprechen wollen. Aber er hat nicht zurückgesteckt. Das war eine seiner Stärken: obwohl getroffen und von so unbegreiflichem Unverständnis verletzt, ist er seinen künstlerischen Weg in menschlicher Würde weitergegangen, Haltung bewahrend.

20

Kinder beim Spielen
1968, 15 × 21 cm

21

Spielende Kinder in
den Langen Erlen
1947, 21 × 29,5 cm

22

Studie zur
Schulklasse
1969, 21 × 29,5 cm

23

Vorstudie zur
Schulklasse
1968, 15 × 21 cm

24

Kletternder Knabe
auf dem Baum,
um 1945,
26 × 21 cm

Max Kämpf mit
Paul Stöckli
Ende der 40er Jahre

26

Mit dem knorrigen Stanser Maler Paul Stöckli war ich familienseits befreundet. Paul wurde mir ein Cicerone in der Basler Künstlerszene, besonders dann, als ich meine Tätigkeit an der Kunsthalle aufnehmen konnte. Ich bin Paul Stöckli, der im Dezember 1991 starb, zeitlebens dankbar. Und durch ihn lernte ich Max Kämpf und die 48er kennen.

Ein paar Worte zum «Kreis 48». Hans Weidmann hat in seinen «Erinnerungen an Max Kämpf» anlässlich der Max Kämpf-Ausstellung in der Kunsthalle im Sommer 1984 ausführlich davon geschrieben. Die jungen Künstler und Künstlerinnen aus Basel und von auswärts sahen sich in der Zeichenklasse von Albi Mayer (1875–1952) und der Malklasse von Noldi Fiechter (1879–1943). Dort wuchs ihre Freundschaft, die zur Basis ihres Zusammenschlusses wurde und blieb, mehr als alle künstlerischen Intentionen, formalen Verwandtschaften oder gar gewerkschaftlichen Programmen. Der Schulterschluss im Jahre 1948 zum «Kreis 48» war noch beeinflusst von einer Trotzreaktion gegen die etablierten Künstler älterer Generation so-

wie die Privilegien der offiziell Anerkannten. Zu diesen «48ern» zählten, alphabetisch aufgelistet: Heinrich Barth, genannt Bodin; der Pruntruter Jean-François Comment, gerufen James; der malende Metzger Romolo Esposito; Karl Glatt; Max Kämpf; Alex Maier; die Bildhauer Peter Moilliet und Theo Lauritzen, der Pretiöse; Anton J. Rebholz, der Toni gerufene Zögerer; Julie Schätzle, die Handarbeitslehrerin, damals mit Megge sehr befreundet; der Stanser Paul Stöckli, der sich in Riehen niedergelassen hatte; der Berner Gustav Stettler, und last but not least Hans Weidmann, Maler, Glasmaler, Aquarellist, jovial und positiv und reiselustig. Der zentrale Magnet war unbestrittenermassen Megge Kämpf. Das Ganze florierte ohne Satzungen, mit viel anregendem Austausch an Ideen und Erfahrungen. Es gab auch Wechsel; die Bildhauerinnen Hanni Salathé und Valerie Häusler schlossen sich an; andere distanzierten sich wieder, meist aus freilich nie gravierenden persönlichen Gründen.

Ernst Beyeler, der damals noch am Anfang seines sehr erfolgreichen Lebenswer-

kes als Kunsthändler und Sammler stand, sich stets für seine Künstlerfreunde einsetzend, hatte im Gründungsjahre schon in seiner Galerie an der Bäumleingasse, wo er heute noch in erweiterten Räumen seine ausserordentlichen Präsentationen durchführt, für den «Kreis 48» eine erste Ausstellung eingerichtet. Die folgenden Jahre brachten den Durchbruch.

Vom 8. August bis zum 1. Oktober 1950 konnte ich in der Kunsthalle die erste grosse Gruppenausstellung «Kreis 48» einrichten; der später zu Weltruhm gekommene Graphikkünstler Armin Hofmann hat ein sehr beachtetes, heute als Sammlungsobjekt gesuchtes Ausstellungsplakat in Weltformat geschaffen. Nach dieser erfolgreichen Kunsthalle-Darstellung musste die

Basler Kunst-Lobby mit den Achtundvierzigern rechnen.

Max Kämpf war 1949 in den Vorstand des Kunstvereins gewählt worden. Er war auch Mitglied der Wahlkommission für einen neuen Kunsthalle-Leiter als Nachfolger von Lucas Lichtenhan. Ich habe bald schon seine Freundschaft erfahren dürfen; sehr viel später habe ich erfahren, dass er sich bei der Wahl entschieden für mich eingesetzt hatte; ich bin ihm auch dankbar für den Halt, den er und Coghuf mir in der Zeit des Rücktritts von der Leitung der Kunsthalle im Jahre 1955 gewährt haben.

Megge hat sich gerne von allem Offiziellen zurückgehalten. «Loss die andere mache», war eine seiner Losungen. Aber seine menschliche und künstlerische Potenz setzte er ein zur Förderung und zum Gewinn der andern. Diesen Habitus konnte er sich leisten, und er war nicht abgeneigt, es von Zeit zu Zeit wieder bestätigt zu bekommen.

Heute gibt es keinen eigentlichen «Kreis 48» mehr, weil sich solche Gruppierungen auch überleben, so wie die Impressionisten sich, bei Wahrung der Kollegialität, von einander lösten, als jeder auf seinem Weg gereift weiter gehen konnte. Eine «unité de doctrine» oder gar eine «égalité de forme» gab es ja beim «Kreis 48» nie. Man neigte zwar – im Unterschied zu den «33ern» – eher zur deutschen Kunst, zur dunkleren Tonalität eines immer wieder bewunderten Arnold Böck-lin. Aber ein jeder, teils auch angergt von Van Gogh, wie Paul Stöckli, oder den Fauves, wie Hans Weidmann, der Abstraktion, wie Comment, fand sich in seiner Entwicklung zu seiner eigenen, unverkennbaren Handschrift. Diese Vielfalt und dieser Reichtum der formalen Ausfaltung hat die Passivmitglieder, die sich als Freunde um den «Kreis 48» schlossen, fasziniert. Die Kunstkritiker folgten. Als Megge Kämpf im Jahre 1960 im Kunsthaus Zürich den Grossen Preis der Schweiz für Malerei überreicht wurde, gab es ein Fest. Man feierte ja bei den 48ern und ihrem Anhang sehr gerne.

Max Kämpf mit
der Tänzerin
Katja Wulff am
«Schnauz-Fescht»
1951

30

Megge mit Freunden
1958 an einer
Vernissage

31

Megge in der
Primarschule im
Rosental-Schulhaus

So wirkt sich die Tapisserie der Zeit: Die Garne im Banne der Kette schlingen sich durch, kehren zueinander und ineinander zurück, formen sich zu Zeichen und Bildern, gehen und kommen, um neu zu beginnen. Jeder Faden beginnt irgendwo, ist an einen Ausgangspunkt eingeknüpft, wird von ihm gehalten, führt aber weiter und bildet sein Gewebe, seine Kontur, sein Bild.

Max Kämpf war Kleinbasler. Das ist nicht nur ein statistisches Faktum, das ist ein Stolz und ein Schicksal. Und wie man dies annimmt oder sich dagegen wehrt, so äussert es sich im Leben. Megge kam aus rechtschaffener, einfacher Familie, mit einem Vater, der Bäckermeister ist und der bald stirbt, mit einer Mutter, die sich als Hauswartin ein dringend benötigtes Auskommen sichert, um die Familie zusammenzuhalten. Sie wird durch einen Unfall aus dem Leben genommen. Wenn man die einfache Frau antraf, war man von ihrer Echtheit beeindruckt; man ehrte sie ohne Wenn und Aber. Sah man sie mit dem Sohn, der die Mutter in aller Schlichtheit liebte, zusammensitzen, wurde manches

an Megge verständlich. Die natürliche Wärme wurde spürbar; die Neigung zu den einfachen Dingen wurde einsehbar. Das handwerkliche Solide in der Malerei Kämpfs kam vom Vater. Brot als lebenserhaltende Grundnahrung war für Megge ein väterliches Vermächtnis. Das für alles Lebendige Offene stammte von der Mutter; die grosse Tierliebe bei Megge kam von Mutters Seite. Von beiden das anspruchslos Einfache, das den Menschen und Künstler Max Kämpf prägten.

Ein Handwerk zu lernen, war für Megge selbstverständlich. Nach der Sekundarschule trat er in eine Lehre als Flachmaler. Daraufhin später befragt, meinte er: «Als Flachmaler arbeitest du an verschiedenen Orten; du arbeitest weitgehend allein, selbständig aus deinem Wissen und Können heraus.» Mit seiner Arbeit als Flachmaler-Geselle mitten unter anderen Handwerkern, was ihm passte, verdiente er seinen Lebensunterhalt.

Aber Lebensinhalt konnte dies, wie er spürte, nicht sein. So belegte er Malkurse an der Gewerbeschule. Er wurde nun wirklich frei und selbständig mit seinem

Megge als
Malerlehrling

Willen und Können und Schauen. Er wurde ein Künstler, wie er im Buche steht. Er
lebte äusserst sparsam, anfänglich aus
Not, später, als er zu Vermögen gekom-
men war, weil dies so sein Stil wurde. 1939
lief er sogar aus Sparsamkeit zu Fuss, mit
zwanzig Franken in der Tasche, von Basel
nach Genf zur Prado-Ausstellung. Die ge-
nialische Unordnung in seinem Atelier war
ihm gut genug; er fand sich ja zurecht, und

wenn seine Freundin Julie Schätzle zuwei-
len ordnend eingriff, musste dies sehr un-
auffällig geschehen. Er brauchte nur wenig
Kleidungsstücke, ein gestreiftes Arbeiter-
hemd, Manchesterhosen, solide Schuhe,
die hochgeliebte schwarze Windjacke, den
«Göppel», wie er sein Militärfahrrad mit
Rücktrittbremse nannte, weiter ein
schlichtes Lager, eine einfache Wasch- und
Kochgelegenheit. Das war's.

34

Megge, der
leidenschaftliche
Marathonläufer,
mit Freunden im
Sportclub Old Boys,
Basel

Megge 1973 bei
seiner Ankunft in
Amerika

Aber das war's eben doch nicht nur: Seine wirkliche Welt war die Welt des im Leben Erlebten, im Erlebten Gesehenen; es war das wahrhaftig Geschaute, das er in seinem «Musée imaginaire» bewahrte. Dies alles ermöglichte ihm ein ungeheuer reiches menschliches Leben, das er mit seinem Zeichnen und Malen in die Wahrheit seiner Kunst verwandelte.

Von der Biographie braucht hier nicht mehr berichtet zu werden. Der grosse und schöne Band «Max Kämpf» (Basel 1984), den Hans Göhner betreute, bietet alle Einzelheiten. Dort wird aufgelistet (Seiten 242–245), was wissenswert ist. Und hinter diese Fakten vollzieht sich ein Menschenleben im Rhythmus mit andern Menschen: seiner ersten engen Gefährtin, der Haushaltslehrerin und poetischen Malerin Julie Schätzle, später mit Tilly Chobaz, die ihm einundzwanzig Jahre bis an sein Lebensende zur Seite stand; seine Erfolge und seine Rückschläge; seine für ihn so wichtigen drei weiten Reisen in den Südwesten der USA zu den Indianern in der ungeheuren Landschaft von Monument Valley, zu diesen entrechteten Menschen, denen er sich sehr nahe fühlte; zuletzt seine Krankheit und sein Sterben am 26. September 1982.

36

Selbstbildnis als
Cowboy
1980, 13,5 × 10,5 cm

37

Megge 1975 in
Amerika im Navajo-
Reservat beim
«Schnuuregyygele»

Megge im Arches
Nationalpark

Megge in einer
zerfallenen
Silberminenstadt

Megge 1975 als
tanzender
Indianer-Häuptling
in Mexican Hat

Megge 1975 in
Mexican Hat

Megge 1980 im
Monument Valley

39

Indianer (aus der
Erinnerung
gezeichnet, kurz vor
seinem Tode, 1982)
29,5 × 21 cm

40

Hier auf dieses Bürgerhöhe
suchen sich die dümmsten Flöhe

Seht Ihr den Schamanen tanzen
nacher fliegt er auf den Pauzen.

Plauschzeichnung
1975 in Mexican
Hat
21 × 29,5 cm

41

Felsen
1975
in Mexican Hat
21 × 29,5 cm

42

Felsen Mexican Hat
1981, 21 × 15 cm

43

Zwei Indianer
1981, 21 × 20,5 cm

44

Indianer im
Reservat
1980, 21 × 29,5 cm

Plauschzeichnung
1980 in Mexican
Hat
28 × 21,5 cm

46

Plauschzeichnung
1980 in Mexican
Hat
27,5 × 21,5 cm

47

Indianer
1975, 29,5 × 21 cm

48

Indianer (aus der
Erinnerung
gezeichnet, kurz vor
seinem Tode, 1982)
29,5 × 21 cm

49

Die näggscht Umgäbyg!

Ausschnitt aus der Plausch-Zeitung «Äxtrablatt», erschienen 1972 zum 60. Geburtstag von Megge

50

«E härzlig Danggerscheen»

Ein für das Leben von Max Kämpf höchst aufschlussreiches Dokument ist ein handgeschriebenes und facsimiliertes Faszikel, das anlässlich seines 60. Geburtstages ediert wurde. Marie-Suzanne Feigel, die grosse Förderin der besten zeitgenössischen Basler Kunst, veranstaltete von Mai bis Juli 1972 in ihrer «Galerie d'art moderne», Rittergasse 22, für ihren Vertrauten Megge eine kleinere, distinguierte Werkschau. Megge war darüber sehr erfreut. Als seinen Sonderbeitrag schrieb und zeichnete er ein grosses achtseitiges «Äxtrablatt». Da finden sich «wichtygy Date», auch «wichtygy kinschtlerischi Erlääbnis», ein «Feujeton» mit der Geschichte seiner zwei Buschizähne, und dann noch vier aufschlussreiche Texte: «I. Kutzigy Erinnerige; II. Die näggscht Umgäbyg; III. D'Lyt vom Quartier und anders; IV. D'Schuel-, Lehr- und anderi Johr». Alles ist in der kleinen, schwingenden, bewegten, mit Fein- und Druckstrichen gekennzeichneten Handschrift Kämpfs geschrieben, kauzig zeichnerisch illustriert und endend mit «also Allne e härzlig Danggerscheen, Megge».

Megge mit Kauz
auf dem Kopf im
Atelier in der
Hammerstrasse

«So isch's gsi»

Eigentlich müsste man dies von dichtem Eigenleben erfüllte Dokument in einem Nachdruck einer kommenden Generation wieder zugänglich machen. Denn hier hat sich Max Kämpf ganz geöffnet. Er spricht von seinen Tieren und welche Rolle sie in seinem Leben spielten. In allen seinen Ateliers waren sie seine Wohngenossen. Da war etwa der mehrmals wechselnde Hund, der aber immer «Tschooli» gerufen wurde. Da waren seine Vögel, in Käfigen oder frei herumfliegend und malerisch Tisch, Stuhl und Boden, und anderes mehr, beklecksend. Auf der Dachterasse im Atelier der alten Färberei fand sich ein kleiner zoologischer Garten. Geradezu unglaubhaft mutete es einem an, wenn Megge mit einem Raben auf der Schulter oder einem Kauz auf dem Kopf herumging, mit seiner «Schnuuregyygele» musizierte oder gar malte, und mit den Tieren sprach, die ihn ohne jeden Zweifel verstanden. Megge war eben selbst ein Kauz, und was für einer noch.

Megge mit
«Tschooli III.» im
Atelier in der
Pfeffingerstrasse

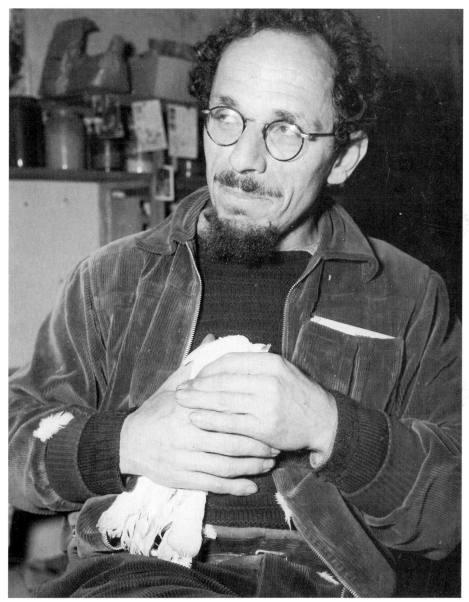

Megge pflegt eine
Taube

Selbstbildnis, sich
als alten Mann
darstellend,
1982, 12 × 8 cm

Böcklin

In einem umrandeten Segment des Feigel-
schen Extrablattes verzeichnet Max
Kämpf «wichtygy kinschtlerischi Erlääbnis». Er erinnerte sich, wie er als 7jähriger
zum erstenmal ins Augustinergasse-Mu-
seum kam und dort die Werke der Öffent-
lichen Kunstsammlung sah. Er zählte sie
auf, «die Here Mooler: Beggli, Holbai,
Witz, und iberhaupt Ally, kemme mer im
Draum vor. S'isch schlimm!» Und dann
nochmals: «Beggli; und immer wieder
Beggli, ganz eifach herlig.»

Dieses Böcklin-Erlebnis, immer wieder
erneuert, begleitete ihn sein ganzes Leben.
Ich durfte es besonders intensiv erleben,
als ich 1951 in der Kunsthalle Basel mit
Georg Schmidt vom Kunstmuseum zusammen die umfassende Böcklin-Ausstellung
zum Gedächtnis des 50. Todestages durch-
führte. Bei der Konzeption der Ausstellung
war Max Kämpf ein wichtiger Gesprächs-
partner. Bei der diffizilen Hängung der
Werke tauchte er, in der stets stressigen
Schlussphase noch nach Mitternacht und
Schliessung des Kunsthalle-Restaurants
auf und ging mit mir, mit seinen Augen
begutachtend, durch die Räume. Natür-

lich hatten es ihm der «Pan» und der «Ken-
taurenkampf», besonders das «Spiel der
Najaden» angetan. Anderes, wie «Melen-
colia», bezeichnete er frei heraus als «Al-
terskitsch», und den «Heiligen Hain»
mochte er überhaupt nicht. Megge war in
seinem Urteil immer sehr unabhängig.
Oftmals habe ich den Maler dann in dieser
Böcklin-Ausstellung beobachtet, wie er
vor einem oder zwei Werken – mehr intensiv zu besehen schien ihm nicht gut – wie
gebannt längere Zeit stand oder sass, hin-
weggerissen. Von seinen Erläuterungen
vor den Werken selbst habe ich manches
gelernt und auch in zahlreichen Führungen
verwenden können.

Es liegen mir einfache, inzwischen
schon vergilbte Blätter vor, auf denen Max
Kämpf damals spontan seine Gedanken zu
«Böcklin» festgehalten hat. Sie scheinen
mir für den Künstler Kämpf so aufschluss-
reich, dass ich hier einen Auszug mitteilen
möchte:

«Böcklin: die erste Begegnung, der Eindruck hinreissend. Ich war damals 7jährig,
und das alles war Wasser auf meine Müh-
le. Fiebrig kam ich nach Hause. Es gab also

Ausschnitt aus
«Äxtrablatt»
1972

58

doch noch Bilder, auf denen gelacht, gefeixt, geflucht, gegrölt, geschäkert und gehasst werden durfte. Es gab also doch noch einen Himmel und eine Hölle auf Erden... Dieser Himmel und diese Hölle waren für mich glaubhaft und sind es bis heute geblieben. Das roch noch nach Leben und war kein Kamillen-Tee. Gott, dass es das noch gab. Es gab für mich nicht den geringsten Zweifel, diese gewaltige Welt existierte. Mühelos fand ich mich in diesem zoologischen und botanischen Garten zurecht. Ich brannte lichterloh... Ich war glücklich!»

Und dann: «Ich zeichnete leidenschaftlich gerne, irgend etwas mir Unbekanntes musste heraus aus mir; ich hielt es sonst nicht mehr aus. Sonntags ging ich, statt in die Sonntagsschule, zu meinem Böcklin, was offenbar einiges zu meinem frommen Heidentum beigetragen hat. Auch heute noch, nach all den Jahren, ist es nicht anders geworden, vielleicht ein kleiner Filter, aber im Ganzen ist für mich die Welt Böcklins in Ordnung geblieben. Der Mann steht.»

Ausschnitt aus
«Äxtrablatt»
1972

60

DYRÄGGTION: Verwärz-Marsch:
INSERATEDAIL-wys nit so guet im Drugg.

ABONÄNTE ZAHLE ZWAIMOOLE.

FEUJETON: e gschicht so STANNEND — 2 Zehnli u. so.

Villicht wird Ihne unter d'r Rupprigg "WICHTYGY DATE" alles uff e galle wäge däne Zettli. Die Gschicht het mit ere Sensation bigunne und mit e re Dragteedie gändet. Alla gitig hät y jetz das mit verzeerte solle.

Also da sich e so gsi! y bi mit sibe Momet uff die Wält koo und soffort innere Brueftkartite verstimt worde. In däm Kartite ha-ny gwohnt, bis y gfunde häm y syg jetz fertig baue. Offebar isch das d'r Fall gsi, und syt häm y so ne schwere dunggle teint. Sy wärde sich jetz froge, was das überhaupt mit däne verflixte Zettli z'tue heigg, y müess Sy um Geduld bätte. s'chunnt alles noo. Wo in däm Kartite d'Temperatur so langsam uff 650 Grad gstige-n-isch, häm y doch langsam gfunde s'längt.

Sy hän my also inregime und my gnowier a glueggt, und bi d'r gläge heit gmerggt, as y z'Zelte gha ha. Eso mit däm Zeltli chunnt's mi nad grille uff my liebi Mammeeloos so me derfe. Sy häm kurze Prozäs gmacht, und alle Dinger usgekiire. Wo mi d'Mamme denn än d'lie het derfe gue sich nääh, het sy an die Zettli überkoo. De hanne, het sy e geteiligi Bonboniere, e-n-alt Erbstigg, uff bikraalt, und dert d'rin sin denn die Reliquie verschwunde. Wo-n-y so elte 3 Jährig gsi bi, ne het sy gfunde, y sygg jetz gnue gmueg, und y ha zell erschte mool in mym Lääbe, die Parteete derfe bschaue. Y maag my nimm brinne, ell, und was sie n'Jdnig s'mer gmacht het.

E weeny speelter hän mer e mey Baadische Dienschtmailti griegt, und das het halt laider an Klepteman zglitte, und gschteehle wie-ne Elschtere und nübscht d'vänne andere sache, halt ebe en die Bonboniere mit em Inhalt het's nyt kenne a foo, drum het y en Münschtkibel gschmisse, und via Zleggi-waage, sin die Zehn uff em Baslermünschthuffe glandet. Es isch das es soo wäre Schwaag gsi, für die gueti Mamme und d'sy het d'Verlusch nie ganz verwinde kenne.

FALLS ORTHOGRAPHISCHI FÄÄHLER VORKOO SOTTESY ZAICHNET DR SETZER STIET VERANTWORTLIG. Die Red.

Ausschnitt aus «Äxtrablatt» 1972

Porträt
Georg Schmidt
1955, 21 × 14,5 cm

62

Anderes

Die Böcklin-Ausstellung, welche Megge «aufstellte», war im Sommer 1951. Ein Jahr früher traf ihn eine Kabale, welche für den Maler zum traurigsten Erlebnis wurde. Es waren die Vorgänge um das Sgraffitto am Luftmatt-Schulhaus. 1948 hatte Kämpf einen Kunstkredit-Wettbewerb für ein Wandbild an der Frontseite der Kantonalen Handelsschule Basel gewonnen, mit der Empfehlung zur Ausführung. 1950 war das eindrückliche Werk vollendet und zeigt eine Fruchtträgerin für die Landwirtschaft, einen orientalischen Händler für die Wirtschaft und einen schnauzbärtigen Schmied am Amboss für die Industrie. Die Abnahme durch die Jury war einstimmig lobend. Aber weil konservative Rechtskreise behaupteten, der Schmied sei ein Stalin-Porträt, wurde dieser Drittel der Komposition im Dezember 1950 über Nacht weggemeisselt.

Frank Weiss, ein mitleidender Freund, hat dieses Trauerspiel in seinem Text «Heiteres und Trauriges» (Kunsthalle Basel 1984) neben wertvollen andern Erinnerungen genau festgehalten. Was gesagt werden musste, hat er klar gesagt. Es ist beizu-

fügen: Das Protestschreiben der Freunde Kämpfs an den verantwortlichen Erziehungsminister Dr. Peter Zschokke hatte auch ich unterschrieben. Da ich als Konservator der Kunsthalle einen vom Staat subventionierten Posten innehatte, wurde ich aufs Amt zitiert. Dort wurde mir scharf – und in klar unzulässiger Weise – bedeutet, dass ich mich solcher Schritte zu enthalten hätte; es könnte Folgen haben. Doch liess ich mich nicht einschüchtern. Megge hat mir bald darauf, weil er «von diesem ganzen Klamauk übergenug habe», eine dicke Rolle mit Originalstudien aller Teile dieses Sgraffitto-Entwurfes zur Aufbewahrung gegeben. «Nimm, ich kann es nicht mehr sehen!» Auf der Frontwand des Luftmatt-Schulhauses ist das Hochrechteck, wo der kraftvolle Kleinbasler Schmied gestanden hatte, immer noch leer – und nicht mehr zu füllen.

Auch hier liegt noch die Korrespondenz vor mit dem zaghaften Versuch des Erziehungsdirektors, die Wunde zu heilen. Das amtliche Schreiben datiert vom 22. Februar 1957. Es besagt, dass das Wandbild verblasst sei und restauriert werden sollte.

Ausführung des
Kunstkredit-
Wettbewerbes 1950
vor und nach der
Handelsschulaffäre

«Auf der anderen Seite ist noch immer je- von Max Kämpf, datiert am 26. März
nes Teilstück unbemalt, das bedauerlicher- 1957, ist zu entnehmen, dass der Maler
weise aus den bekannten Gründen damals nichts Neues, sondern eine Wiederherstel-
entfernt werden musste.» Herr Zschokke lung des ursprünglichen Zustandes forder-
schlägt nun vor, einen neuen Wettbewerb te. Und daraus ist leider eben nichts ge-
zu veranstalten. worden.

Dem Konzept des Antwortschreibens

64

Schnauzballade

eine verziehrungsrätliche und kaempferische
Schildbürgerei

Z'Basel zahlt e Kommission
De Moler Günschtlings-Subwänzion,
Dass sie nit mien Kohldampf schiebe,
Wenn si ihri Kunscht uss-iebe.

«Ka-Ka» wird sie kurz genannt,
Ischt als Kunschtkredit bekannt.

«Kämpf, dä Handelsschuelverbutz
Sott e schöne Helge ziere.
Gang Di Griffel dört go fiehre,
Griegsch drfür zähduusig Schtutz.»

Dr Kämpf sait: «Prima, ho capito.»
Kratzt in d'Wand scho si Sgraffito.
Kum isch's Wärk zer Helfti glunge,
Isch dr Strub ihm nochegschprunge:

«Bisch verruggt denn nundefahne –?!
Molsch jo grad dr Stalin ane!
Merk Dir, d'Basler Bourgeoisie
Zahlt ein Stalinschnauzbild nie!»

«Non de bleu», sait do dr Kämpf,
«D'Kunscht isch frei vo söttige Krämpf.
Dä Schmid, wo mir schtoht Modäll
Isch doch nit dr Willi Täll!»

«Machsch Du öppe scho in d'Hose?
Hesch dr Stalinschnauzkompläx
Wäge-m-e glaine Farbekläggs –?
Strub, kasch mir ins Fudi blose!»

Keit den Griffel furt und munter
Steigt er vom Gerüst herunter.
Dieses war der erste Saich,
Doch der grössere folgt sogleich.

's Molrezäpt isch gar nit neu:
Tuesch Pfötli gäh und prima winsle
Em «Ka-Ka» dr Buuch fiin pinsle,
So verdiensch Du Gäld wie Heu!

Doch es liegt einmal nicht allen
Diesen Herren zu gefallen.
Darum höret die Geschicht.
Dr Gunschtkredit jetzt also spricht:

Denn Max Kämpf wird wie geahnt
Chargébrieflich jetzt gemahnt:

«Hochverehrter Basler Maler!
Wir als Subwänziönlizahler
Sagen es Dir unumwunden,
Hänn Din Helgen schregglig gfunden.

Übermolsch den Schnauz Du nit,
Griegsch Du au kai Schtaatskredit!»

Die Geschicht wird immer toller,
Zschokke kriegt den Russenkoller,
Durch Regierungsratsbeschluss
Schnauz samt Bild verschwinden muss.

Rot vor Zschokkes Auge dämmert.
Die Figur wird weggehämmert.
Das ist ein Seldwylerstück.
Gib Max Kämpf den Schnauz zurück!

Die Moral von der Geschicht:
Stolpre über Schnäuze nicht!
Zschokke, loss em Künschtler d'Art,
Ihm der Schnauz – doch dir der Bart – !

«Schnauzballade»
aus der
Fasnachtszeitung
«Die beesi
Schnuure»
1951

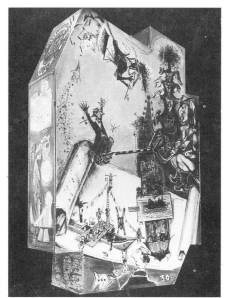

Fasnachtslaterne
von Megge bemalt

Kostüme von Megge
entworfen für
d'Kuttlebutzer

66

Entrechtete und Beleidigte

Mehrmals in seinem Leben selbst «beleidigt und entrechtet», hat Max Kämpf für die Armen, die Ausgestossenen, die Kriegsflüchtlinge und alle Art Aussenseiter eine besondere Affinität gehabt. Das geht auf seine Jugendzeit in den einfachen Verhältnissen des Kleinen Basel zurück. Max war ein grosser Erzähler. Wenn er in Laune war, seine erste Zigarette gerollt hatte, eine Flasche Feldschlösschen-Bier neben sich und weitere in Greifnähe hatte, konnte er weit ausholen. Er berichtet von der ihn inspirierenden alten Mauer zu Hause, von den Leuten in den Gassen, den schrulligen Originalen wie Änishänsli mit seiner Ridicule-Tasche, oder vom spinnenbeinigen Sandgusti mit dem Holzwägelchen, oder von Fotzeldorli, das für jede Alte-Tante an der Fasnacht ein allerbestes Vorbild war. Aus der Charade-Kiste seiner Jugend-Erinnerungen nahm Megge neben andern Quellen auch die Inspirationen für Fasnachts-Kostüme, Larven und Laternen. Er lebte in dieser Welt.

    Was er nur selten erzählte, aber in eindrücklichen Zeichnungen und Gemälden visualisierte, war seine Anteilnahme für

Ausschnitt aus
«Äxtrablatt»
1972

67

Entwurf für eine
«Guggemuusig»
1954, 21 × 19 cm

Entwurf für eine
«Guggemuusig»
1954, 21 × 19 cm

Fasnachtsentwurf
1957, 21 × 18 cm

Fasnachtsentwurf
1957, 21 × 18 cm

71

Trommler
1954, 24 × 18 cm

72

Kopfbutz
1961, 24 × 18 cm

73

Guggemuusiger
1956, 21 × 29,5 cm

74

Tambourmajor
1956, 21 × 29,5 cm

75

Guggemuusiger
1954, 14 × 10 cm

76

Guggemuusiger
1954, 14 × 10 cm

Guggemuusiger
1982, 28,5 × 20 cm

78

Pfeiffer
1968, 29,5 × 21 cm

79

die Buben, Mädchen, Mütter und Familien aus den Bas-Fonds, waren die Flüchtlinge und Verfolgten, denen er während der Kriegszeit auch Unterschlupf in seinem Atelier bot.

Im Jahre 1943 hatte der Basler antinazistische Publizist und sozial empfindende Dichter Friedrich H. Weber im Verlag «Bund junger Schweizer Dichter» seine eindrücklichen fünfzehn «Sonnette vom Krieg» ediert. Auf Weber's Bitte steuerte sein Freund Max Kämpf vier Kohlezeichnungen bei. Sie sind, in einem meisterlichen Duktus ausgeführt, äusserst sparsam angelegt und eben durch die disziplinierte Ökonomie der künstlerischen Aussage von besonderer Kraft. Da sind die Entrechteten und Beleidigten; da liegen die toten Körper, stehen die ausgehungerten Jungen, neigt sich die notleidende Mutter zum bettlägrigen Kind. Mit Webers Sonnetten ist dies ein starkes Zeugnis für das Mitleiden der jüngern Künstler in jener unheilvollen Welt.

Als Reinhold Schneider, der grosse deutsche Dichter, welcher während des Zweiten Weltkrieges als Résistance-Dichtung den Untergang Deutschlands in Blut und Flammen in seine prophetischen Sonnette fasste, im Jahre 1958 von Bildhauer Albert Schilling (1904–1987) porträtiert wurde, konnte ich bei einer Arbeitssitzung im Atelier in Arlesheim dabei sein. Ich habe Reinhold Schneider gefragt, warum er die Zerstörung von Menschen und Welt in

Megge im HD 1942

die strengste lyrische Form, in Sonnette, eingoss; er gab zur Antwort, dass sonst das Grauen ihn zerreissen müsste. So hat Goya um 1806 die Häutung des Erzbischofs von Quebec durch Kannibalen in allerfeinster Malerei (Musée de Besançon) dargestellt. Friedrich Weber erging es ebenso. Diese Lyrik mit den Zeichnungen von Max Kämpf habe ich Reinhold Schneider vorgelegt, und ich vergesse nicht, wie er sehr aufmerksam wurde auf die Spannung zwischen den Gedichten und den äusserst knappen, dichten Notationen der Kohlezeichnungen Kämpfs.

Der Zeichner

Immer wieder muss man bei den Zeichnungen Kämpfs an Goya denken, welcher mit Bisterpinsel, mit Feder und Rötelstift in seinen Skizzenbüchern und den Entwurfsblättern für seine Radierserien so arbeitete; bei einzelnen schrieb er darunter: «Yo lo vi» und «Esto es lo verdadero»: ich habe es so gesehen und das ist die Wahrheit. Mit der grossen Goya-Ausstellung, die ich in der Basler Kunsthalle vom 23. Januar bis 12. April 1953 veranstalten konnte, hat sich Max Kämpf, von der tiefen Menschlichkeit in Gemälden, Zeichnungen und Radierungen angetan, sehr beschäftigt; Galerie-Gespräche zeigten, wie genau er die formale Ausdrucksweise des Spaniers studierte; er fühlte sich in Stil, Gehalt und Weltsicht verwandt.

Es war eindrücklich, Max Kämpf beim Zeichnen zuzusehen. Es war vor allem auch seltsam. Der Stift – oft war es nur ein Stummel – führte über dem Blatt eine unerklärliche Choreographie auf. Linie an sich ist Scheidung zwischen einerseits und anderseits, und ist als Grenze Verbindung vom Anfang zum Ende. Bei Kämpf sind die Linien vor allem Spuren von Schwingun-

Megge am Zeichnen

81

Tambourmajor
1982, 29,5 × 21 cm

82

gen, Seismogramme eines Seismographen. In ihren Vibrationen gibt diese Linie eine Bandbreite an, in der sich dem betrachtenden Auge atmend eine Landschaft, eine Szene, ein Mensch, ein Körperteil zeigt. Man staunt ob der bildlichen Sicherheit und fragt sich bei jeder Zeichnung, wie Max Kämpf dies macht. Aus der Leere des Papiers im Spielfeld des Formats eines Blattes, eines Notizblockes oder Fetzen und Zeitungsrandes: aus dem Nichts zittern die Striche und Linien auf, überkreuzen sich, überstürzen sich, verknäueln sich, entfernen sich wieder in die Ungestalt des noch alles Möglichen und kommen wieder zu sich abzeichnenden Formen, verdichten sich in Bogenläufen, in Kurven, in Beziehungen und Bezügen und werden zur Gestalt. Es werde – und es ist. Es ist so und nicht anders, und des Betrachters Auge, im Entstehen der Zeichnung schon angeregt zu Seh-Abenteuern, erkennt erstaunt und beglückt die Zeichnung, die so und nicht anders sein kann. Auch in der leisesten Andeutung ist die Gestaltform ganz da; das Auge wird eingeladen mitzuspielen.

Max Kämpf zählt nach meiner Überzeugung zu den besten Zeichnern unserer Zeit. Das Wort, das Francisco Goya an seinen Freund Matheron gerichtet hat, kann auch für den Zeichner wie den Maler Kämpf gelten: «In der Natur gibt es ebensowenig Farbe wie Linie; nur die Sonne existiert und die Schatten. Gib mir ein

Skizze
«Tanzender Megge»
21 × 12 cm

83

Stück Kohle, und ich mache dir das schön-
ste Bild.»

Natürlich zeichnete Kämpf auch nach
der Natur; aber er nannte das eine Ein-
übung im Sehen. Und so ist es richtig,
wenn man das Gegenteil festhält: Max
Kämpf zeichnete und malte nie nach der
Natur. Sondern was er einmal gesehen hatte, das war eingeholt in sein unglaubliches
visuelles Gedächtnis: alles von der Jugendzeit bis in die letzten Lebensjahre. Das Geschaute und seine Imagination beflügelten
ihn. Er verarbeitete sein «Musée imaginaire» in vielen Variationen: die Buben
und Mädchen; die Jungen und die Alten;
die in Kostümen und die Akte; die Fami-
lienbilder und Gruppenbilder, und trotz
jeder Ähnlichkeit sind sie jedesmal neu
und einmalig.

La Reine de Paris

III

Im Zusammenhang, mit diesem Zusammenhang, erfolgte ein 1977 Jahre dauerndes einzigartiges Fest, genant das Fest des Parisers, und es hub ein emsiges stricken, sticken, und wirken jener so sehr beliebten „Hygienischen Artikel," an die auch heute noch, trotz P̲i̲l̲l̲e̲ und so, seine Arg-en Triumphe feiert, nach dem einzigartigen Motto ein Mann der richtig angezogen ist hat mehr Erfolg. Man sagt ja nicht vergebens – Er ist gut im Strumpf. Na also.

VII

– kunstgewaltig – noch Frieden, es geht einen durch Reichsmark und Bein. Sämtliche Bahn-höfe sind besetzt alles rationiert und keine auch noch so antike Dicke ist des Lebens und der Un-schuld sicher. Aber mit nur das, nein, als ich heute wieder durch den Gare du Louvre ging, um meine doch sicherlich kompletten Kenntnisse der menschlichen Anatomie zu kompletieren, stellte ich mit Schrecken fest, dass fast bei all diesen antiken Recken, der Tropfenzähler fehlte. Es ist zum Verzweifeln. Selbst Pipin der Kurze, der doch eigentlich der Vater Karls des Grossen, also des Gründers des heiligen Römischen Reiches Deutscher Nation war, bestehet nur noch aus einem Loch im Bauche, und wo der Pipin hingekommen ist weiss nur Gott allein. Woran sollen wir spätere Geschlechter erkennen können wie lang oder wie kurz dieser fehlende Pipin überhaupt war. Eine ganze Welt gerät wegen so einem Pipin ins wanken. Was ist ein Heiliger auf einem Sockel ohne Nymbus? ein Nichts, ein Clochard oder auch nur ein Bundesrat in Bern?

Megge's Eindrücke aus einem neun-seitigen Brief aus Paris an seinen Freund Raymond Chobaz, USA, 1977 (Megge war erstmals mit 65 Jahren in Paris)

85

Auch dies

Weil er die Einfühlung in andere hatte, wurde er auch zum grossen Bildzeichner von Geschichten; etwa vom Landarzt «Als er noch in der Chaise fuhr» (1961) von Hermann Augustin, «Der arme Jacques von Bourbon» von Markus Kutter, «Der Ruesser» (1957) von Rudolph Bolo Mäglin, «Papierkorbgedichte» (1972), «Uus em Lääbe vummene Nütnutz» (1973) und «schubladenfunde» (1978) von Hans Häring, die Poesie-Zeitschrift für Literatur «Indianer» (1981) bis zu «Geflüsterte Pfeile, Lyrik der Indianer» (1982) von Frank Geerk.

Aus solchem Bildvorrat, der sich durch seine Imagination tausendfach verwandeln liess, wurde die mächtige Vision der «Hölle» (1947/48) möglich sowie die Phantasmagorie «Theater» (1962) und auch die Halluzination «Basel veruggd» (1948). Die Fasnacht als Mummenschanz und Totentanz war ihm immer sehr gegenwärtig; sie wurde nicht nur in Masken, Kostümen und Laternen, sondern auch in Dekorationen der berühmt-berüchtigten 48er Feste mit den «Dark Town Strutters» in der leider verschwundenen Rheinhalle

Bleistiftzeichnung aus dem Buch H. Häring «schubladenfunde» 1978

86

Bleistiftzeichnung
aus dem Buch
H. Häring
«schubladenfunde»
1978

Max Kämpf mit
Alfred Rasser auf
der Chinareise

bei der Eisenbahnbrücke virulent. Hans Weidmann hat dies anschaulich festgehalten. Megge, der nur mit Mühe bei Freundesausflügen in die nähere Umgebung Basels mitfuhr, verreiste plötzlich zusammen mit dem Kabarettisten Alfred Rasser mit einer schweizerischen Delegation, die von der Volksrepublik eingeladen wurde, 1954 nach China. Und er brachte einen Bildvorrat mit, den er noch Jahre lang in Zeichnungen und Gemälden von «Schauspielern», «Geisterzügen» und «Schissdräggzigli» verarbeitete.

88

Chinesen
1954, 21 × 15 cm

89

Chinesisches
Theater
1954, 21 × 12,5 cm

90

Peking Theater
1954, 21 × 12,5 cm

Chinesisches
Theater
1954, 13,5 × 21 cm

92

Chinese
1954, 21 × 15 cm

Chinesen
1954, 15 × 21 cm

93

Eindrücke aus
Moskau (auf der
Rückreise von
China, 1954)

94

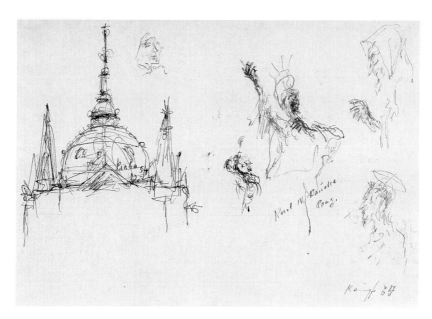

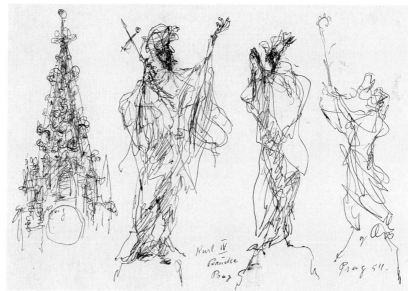

Karlsbrücke in Prag
(auf der Rückreise
von China, 1954)

Chinareise
1954, 13,5 × 21 cm

Die Römer-Panneaux von Liebrüti

Des Galliers Asterix Finten und Kämpfe mit den Römern verblassen vor den Bildgeschichten auf Wandtafeln, die Megge Kämpf für das Restaurant der Roche-Überbauung Liebrüti 1978/79 gemalt hat. Ein grösseres Gaudi über die feindliche, gemütliche und festliche Begegnung der Römer von Augusta Raurica mit den Germanen von jenseits des Rheines kann man sich nicht vorstellen. Das Phantasie-Geschehen spielt in der Endphase des Römischen Reiches, in der sich auch Dürrenmatts grosser Romulus spöttisch profiliert hat. Max Läng, der Flachmalermeister, tätig in Liebrüti, hatte die Idee, das Lokalkolorit der neuen «Dorfbaiz» mit grossen Pinselbezeichnungen von Megge zu stärken. Heiter sollten sie sein, schrullig auch, ganz eigen, ganz Megge, und nicht für die Ewigkeit. Man brachte die Holzplatten in Megge's Atelier an der Pfeffingerstrasse. Er hatte Spass daran und zeichnete voller Ideen zahllose Entwürfe auf Papierreste, umherliegende Blätter und in Skizzenbücher. Die Tafeln bemalte er dann mit kleinen und grossen Pinseln, mit schmalen und breiten, mit weichen und borstigen, mit

Schleifern und Stupfern in rascher Zeīt. Das gibt diesen grossformatigen Pinselzeichnungen auch ihre köstliche Frische. Da wird berichtet von Kämpfen, Belagerungen, Schlägereien, Festivitäten und Saufgelagen; Kasperle haut in einem Kasperle-Theater seinem Gegner einen Knüppel auf den Grind. Selbst Götter müssen mitspielen, und es heisst: «Auch Wotan sah die Helden sterben und die Herrlichkeit verderben. / Auch Götter leiden oft an Gicht; erspart bleibt sie auch ihnen nicht.» Und wie auf einer Fasnachtslaterne wird gereimt: «Da kam die Maus auf dieses Feld – zusammen brach die schöne Welt.» Reich an Witz ist die Darstellung, etwa wenn auf dem Festtisch der Senatoren plötzlich eine Pfeife liegt (woher hatten die Römer den Tabak?) oder wenn auf der Klinge eines Wildbretmessers die Fabrikation Solingen zu lesen ist. Vergangenheit und Gegenwart werden verbunden, alles mariniert in einem feuchten Humor, der sich auch in Gesichtern äussert, welche einem sehr bekannt vorkommen; Megge selbst ist auch dabei. Hier ist er, der in sich die Krankheit wachsen spürt, ganz der

Römerskizze
1980, 21 × 29,5 cm

grosse Künstler, der Mensch und der
Zeichner, nicht müssend, alles dürfend, in
bester Form. Diese Tafeln des reifen Max
Kämpf zu sehen, «ne vaut pas seulement
un détour, mais un voyage». Denn sie sind
ein Meisterstück.

98

Skizzen zu
Liebrüti-Tafeln
1978, 21 × 29,5 cm

99

Skizzen zu
Liebrüti-Tafeln
1978, 21 × 29,5 cm

100

Skizzen zu
Liebrüti-Tafeln
1978, 21 × 29,5 cm

101

Römerskizze
1979/1980,
21 × 21,5 cm

Römerskizze
1979/1980,
21 × 21,5 cm

Skizzen zu
Liebrüti-Tafeln
1979, 21 × 29,5 cm

104

Römerskizze
1980, 21 × 29,5 cm

Skizzen zu
Liebrüti-Tafeln
1979, 21 × 29,5 cm

106

Skizzen zu
Liebrüti-Tafeln
1979, 21 × 29,5 cm

107

Römerskizze
1980, 21 × 29,5 cm

S. 109–120
Die zwölf Römer-
Panneaux des
Restaurants der
Roche-Überbauung
Liebrüti
1978/79

112

113

115

120

Noch eins

Von einem ganz persönlichen Erlebnis, das mir den ganzen Menschen und Künstler Max Kämpf zeigte, sei zum Abschluss berichtet: die Geschichte mit der Geburtsanzeige. Meine Frau war in Erwartung. Wir wollten für die Geburts-Anzeige, wie bei der ersten, die Paul Stöckli für uns geschaffen hatte, einen befreundeten Basler Künstler beauftragen; er hatte völlige Freiheit. Megge wurde angefragt, und er hat sofort zugestimmt. Als einzige Bedingung verlangte er, meine Frau Dulli in ihrem jetzigen Zustand anzuschauen. Da Megge hin und wieder bei uns zum Essen geladen war, baten wir ihn, bald zu kommen. Er kam, und Dulli musste sich vor ihm langsam drehen. Megge schaute ohne das Gesicht zu verziehen zu und sagte dann: «Das git e Maitli. I mach die Karte.»

Weiter wurde zum Thema nichts mehr vorgebracht. Aber es wurde ein sehr fröhlicher Abend, mit guten Gesprächen zur Basler Kunstszene, natürlich auch mit kräftigen Sprüchen, die den Gemeinten nicht immer wohl in den Ohren geklungen hätten. Für das Feldschlösschen-Bier hatten wir vorgesorgt.

Einmal später besprachen wir lediglich die Grösse der Anzeige, doch sonst nichts, weil Megge nicht gedrängt werden durfte. Er war verlässlich. Der Monat Mai näherte; vierzehn Tage vor dem erwarteten Termin machte ich Megge darauf aufmerksam; er lächelte und sagte: «Ich weiss.» Die Namen für das kommende Kind hatten wir Eltern ausgemacht, auch einen Bubennamen, obwohl ich überzeugt war, dass Megge mit dem prophezeiten Mädchen recht haben würde. Die Couverts lagen adressiert bereit. Es kam der Abend, da ich meine Frau in die Geburtsklinik fahren musste. Gegen Mitternacht gebar sie ein gesundes Mädchen.

Kurz nach Mitternacht fuhr ich, etwas aufgeregt, ob ich wohl Megge finden würde, zur Kunsthalle. Da stand Megge vor der Tür des Restaurants, gestikulierte lachend und sagte: «Ich weiss; komm mit ins Atelier. Wie heisst das Mädchen?» – «Christina!» – «Schön. Fahr los.» Im Atelier wies er auf einen Harass Bier, eine Salami und einen Laib Brot und sagte: «Sitz dort hinten an den Tisch, trink und iss, Du brauchst es.» Er ging zum Ateliertisch, wo

wohl vorbereitet ein Lithostein lag und die
Stifte. Er grinste und begann zu zeichnen,
direkt auf den Stein. Was er zeichnete,
konnte und sollte ich nicht sehen, bis alles
fertig war. Die Nacht war lang. Aber dies
Erlebnis war packend. Megge hatte eine
Kraft der Vorahnung dessen, was geschehen könnte, die ich mehrmals beobachtet
hatte. Er hatte etwas Unheimliches an sich.
Er war ein Medium. Nur so lassen sich
verschiedene seiner visionären Werke er-
fassen.

Als es draussen langsam hell wurde,
deckte Megge den Lithostein zu, wickelte
ihn in ein Tuch und sagte: «Lass uns trin-
ken und feiern. Punkt sieben werden wir
der Lithographier-Anstalt den Stein lie-
fern; die Leute sind orientiert.»

Was Megge gezeichnet hatte, sah ich
erst, als ich den ersten Andruck vor Augen
hatte: den Kopf eines etwa zweijährigen
Mädchens. Und als meine Tochter Christina zwei Jahre alt war, sah sie genau so aus,
als ob Megge ihr Kinderporträt gemacht
hätte.

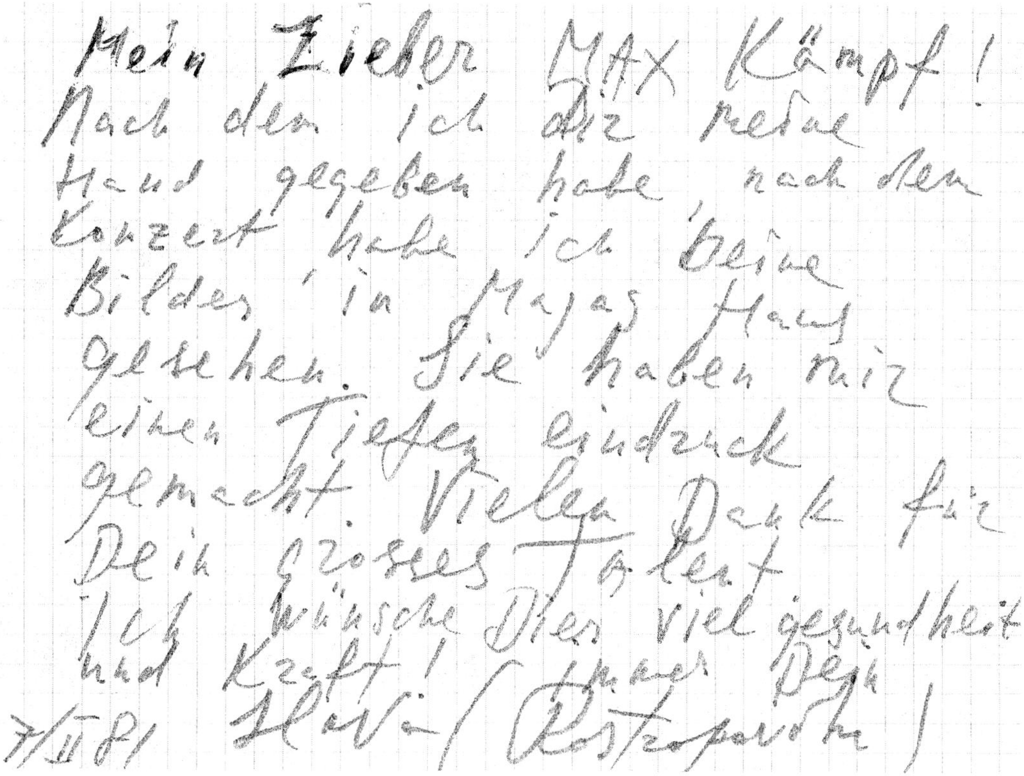

Mein lieber MAX Kämpf!
Nach dem ich dir meine
Hand gegeben habe, nach dem
Konzert habe ich Deine
Bilder in Majas Haus
gesehen. Sie haben mir
einen Tiefen eindruck
gemacht. Vielen Dank für
Dein grosses Talent.
Ich wünsche Dir viel gesundheit
und Kraft! Immer Dein
Slava (Rostropovitch)
7/II 81

Brief des welt-
berühmten Cellisten
M. Rostropovitch
an Max Kämpf, den
er am 85. Geburts-
tag von Maja Sacher
kennenlernte

Selbstporträt
1972, 104 × 82 cm

124

Epilog

Wenn ich mich an Max Kämpf erinnere, schwingt immer ein Bedauern mit, dass diesem grossen Zeichner und Maler nicht vergönnt war, eine repräsentative Gesamt-Ausstellung seines Schaffens zu erleben. Die Ausstellungen im Zürcher Strauhof, im Kunstmuseum Olten und im Ebenrain zu Sissach waren schöne Prolegomena. Die Kunsthalle-Ausstellung 1984 trug die Stigmata der verpassten Gelegenheit.

Ich erinnere mich an jene kleine exquisite Ausstellung, welche Heini Merz in der Schiffahrtsschule in Kleinhünigen 1979 eingerichtet hatte. Seit Anfang Juli wusste Megge, dass er krebskrank war. Dies Faktum war für ihn schwer zu tragen, aber er trug es im Wissen eines geschenkten intensiven und reichen künstlerischen Lebens. Ihn drückte der Gedanke, dass er sich einer schwierigen Operation unterziehen musste. Doch er willigte ein. Die Ärzte konnten ihm dann sagen, dass sein Leben – wenn auch bleibend bedroht – doch gerettet und verlängert worden sei. Megge, mit seiner alle stets neu erstaunenden Vitalkraft, schöpfte Mut; Tilly war mit ihm. So wollte er, zwei Tage, nachdem er aus dem Spital entlassen worden war, unbedingt an der Vernissage seiner Ausstellung bei Heini Merz in Kleinhünigen dabei sein.

Es bleibt unvergesslich, mit welcher Zuversicht der Maler dort inmitten seiner kleinen Werkauswahl von kommenden Projekten sprach. Er wolle noch viel zeichnen und malen, verschiedene Themen wieder aufgreifen, und er wolle wieder zu seinen Indianern nach Mexican Hat. Vor allem aber wolle er, um selbst seine lange künstlerische Entwicklung überblicken zu können, noch eine grosse, streng jurierte Ausstellung in der Basler Kunsthalle sehen. Dass daraus zu seinen Lebzeiten nichts geworden ist, bleibt ein Bedauern.

Aber sein bedeutendes Werk, seine Zeichnungen und Gemälde sind mit uns, und die Erinnerungen an diesen Menschen.

Die zwei letzten
Bilder von Max
Kämpf, Ende
August/Anfang
September 1982.

Sie wurden kurz vor
dem Besuch seines
alten Freundes
Peter Noll am
13. September 1982
gemalt, über den
Peter Noll in seinem
Buch «Diktate über
Sterben und Tod»
eindrücklich
schreibt.

Fresko auf einem
Ziegel
1980

128